Inhalt

Vernetzte neue Welt - Die Zukunft gehört den Connectables

Kernthesen

Beitrag

Fallbeispiele

Weiterführende Literatur

Impressum

Vernetzte neue Welt - Die Zukunft gehört den Connectables

Harald Reil

Kernthesen

- Der Siegeszug von Connected Products ist unaufhaltsam. Heerscharen von Fans warten bereits gespannt auf den Apple-TV, der noch dieses Jahr auf den Markt kommen soll.
- In spätestens fünf Jahren wird es nach Ansicht von Experten auch einen Massenmarkt für internetfähige Weißware wie Waschmaschinen oder Wäschetrockner geben. Von da an ist es nur noch ein kleiner Schritt bis zum total vernetzten Haus.
- Wenn auch bei Consumer Electronics kein Zweifel daran besteht, dass sich Connected

Products durchsetzen werden, wird sich nicht jedes digital erweiterbare Gerät so ohne Weiteres auf dem Markt etablieren können.
- Unternehmen, die geschickt agieren, werden mit Connectables allerdings jede Menge Profit machen können. Der Markt ist einfach reif dafür.

Beitrag

Connected Products: Das nächste große Ding

Beratungsunternehmen wie Accenture und PricewaterhouseCoopers (PwC) sind sich einig: Das nächste große Ding sind vernetzte Elektronikgeräte jeglicher Art. Denn in absehbarer Zeit wird kaum mehr ein Haushalt ohne Connectables auskommen wollen. Bei Consumer Electronics haben die Marketingexperten schon jetzt leichtes Spiel. Zu offensichtlich sind die Vorteile, die vernetzte Produkte der Unterhaltungselektronik dem Verbraucher bieten. Das Smartphone versteht sich im Idealfall glänzend mit dem Fernseher, das Tablet mit dem Notebook und vice versa. Das macht Spaß und erleichtert die Arbeit. Vor allem Smartphones und Tablet-PCs gehen weg wie warme Semmeln und werden mittlerweile auch als Zugangstools für andere Geräte fleißig genutzt. Allein vergangenes Jahr hat die Zahl der verkauften Tablets im Vergleich mit 2010 um satte 160 Prozent zugelegt. (1)

Kommunikation funktioniert nicht immer, wie sie soll

Ärgerlich für manche Verbraucher ist allerdings die Kompatibilitätsfrage. Apple zum Beispiel setzt auf klare Abgrenzung. Das heißt: Die Geräte des US-Unternehmens kommunizieren zwar perfekt miteinander, Produkte anderer Hersteller grenzen sie aber aus. Der Vorteil für Apple: Hat sich ein Kunde einmal für ein Produkt aus dem Hause Apple entschieden, bleibt ihm nichts anderes übrig, als auch andere Geräte des Konzerns zu kaufen, will er alle Möglichkeiten der Vernetzung wirklich nutzen. (1)

Sony, Intel und Microsoft hingegen verfolgen die entgegengesetzte Strategie. Diese Konzerne haben sich daher auf den so genannten DLNA-Standard geeinigt, der zwar grundsätzlich eine Kommunikation ihrer Geräte untereinander ermöglicht, in der Praxis allerdings Tücken hat. Da die Unternehmen ihr eigenes Profil behalten wollen, unterscheiden sich ihre Produkte nicht nur im Design, sondern auch in der Steuerung gravierend voneinander. Das heißt: Die Kommunikation funktioniert nicht immer, wie sie soll. Letztendlich wird sich zeigen, welche Marketingstrategie sich durchsetzt. Das letzte Wort hat der Kunde. (1)

Fünf Ebenen für den Erfolg

Wenn auch bei Consumer Electronics kein Zweifel daran besteht, dass sich Connected Products durchsetzen werden, wird sich nicht jedes digital erweiterbare Gerät so ohne Weiteres auf dem Markt etablieren können. Die Agentur Scholz & Volkmer hat daher ein Fünf-Ebenen-Modell entwickelt, das als Orientierungshilfe für die Vermarktung von Connectables dienen soll. Auf Ebene 1 sollten sich Unternehmen überlegen, welche Daten sie überhaupt miteinander vernetzen wollen. Eng damit verknüpft ist die Frage, die sich die Marketingverantwortlichen auf Ebene 2 stellen müssen: Passt der Mehrwert, den das vernetzte Produkt abwirft, auch tatsächlich zur Marke des Unternehmens? Wenn ja, ist das die beste Basis, um den Kunden noch enger an sich zu binden und sich auf Ebene 3 zu überlegen, welche Zusatzangebote sich für den Verbraucher daraus generieren lassen. Auf der Ebene 4 kommen Social Media ins Spiel. Unternehmen sind nach dem Rat der

Agentur gut damit beraten, eine Community zu etablieren, in der sich Fans austauschen können. Auf der fünften Ebene wird diese Fangemeinde aktiv bearbeitet. Spiele und Wettbewerbe halten die User bei der Stange und schweißen die Community noch enger zusammen. Das Fazit: Unternehmen, die geschickt agieren, werden mit Connectables sicherlich jede Menge Profit machen können. Der Markt ist einfach reif dafür. (7)

340 und 36 Nullen

Auch um die Infrastruktur für eine Welt der Connected Products ist es mittlerweile bestens bestellt. Denn nicht nur die Chips werden immer kleiner und energieeffizienter, was unter dem Aspekt des Stromsparens von immenser Bedeutung und sich zudem gut vermarkten lässt; in diesem Monat haben Unternehmen weltweit auch den neuen Internetstandard IPv6 (Internet Protocol Version 6) eingeführt. Der Grund der Umstellung: Da jedes mit dem Internet verbundene Gerät - egal, ob Smartphone, Tablet oder Firmenserver - eine IP-Adresse hat, stieß IPv4 an die Grenzen seiner Kapazität, da sich mit dieser Norm nur rund 4,3 Milliarden IP-Adressen generieren lassen; und die reichen bei Weitem nicht aus, den ständig wachsenden Adressen-Bedarf zu decken. Oder anderes ausgedrückt: Je mehr internetfähige Geräte in Zukunft den Markt erobern - seien es Fernseher, Waschmaschinen, Heizungen, Elektroherde -, desto mehr Adressen werden auch nötig sein. Mit dem neuen Standard ist für die Zukunft bestens gesorgt. Denn mit IPv6 besteht eine Internetadresse statt wie früher aus 32 jetzt aus 128 Stellen. Nach Adam Riese lassen sich damit ingesamt 340 Sextillionen mögliche IP-Adressen generieren. Das ist die Zahl 340 mit anschließend noch 36 Nullen. Fürs erste dürfte das genügen. (5), (8)

Trends

Mit der Kleidung ins Internet

Experten rechnen damit, dass ab dem Jahr 2020 Connected Products einen Umsatz von 1,8 Billionen US-Dollar pro Jahr erwirtschaften werden. Die Vernetzung wird dann so umfassend sein, dass alles und jedes miteinander "verbandelt" ist. Die euphorischen Zukunftsvisionäre sprechen sogar davon, dass sich noch vor dem Jahr 2025 User nicht nur mit ihren Smartphones und Tablets, sondern auch mit dem Auto oder sogar mit ihrer Kleidung ins Internet einloggen werden. Ihnen schwebt ein digitales Ökosystem vor, in dem die Daten aller

Menschen miteinander vernetzt sind. (7)

Sicherheit geht vor

Eine Frage, mit der sich Marketingverantwortliche in Zukunft auseinandersetzen werden müssen, ist ganz bestimmt auch das Thema Sicherheit. Denn je vernetzter unsere Welt wird, desto anfälliger sind wir auch für Cyberattacken. Noch ist zwar nicht bekannt, dass sich Malware in einen internetfähigen Fernseher eingenistet hat, aber die Zeit wird kommen, dass das passiert. Auch internetfähige Autos sind vor Cyberkriminellen nicht gefeit. Die Vermarkter tun also gut daran, sich schon jetzt Gedanken über potenzielle Gefahren zu machen und sich Strategien auszudenken, um den User zu beruhigen. Bei allem Spaß an der Freude über eine vernetzte Welt - die Sicherheit geht immer vor. (6)

Fallbeispiele

Unternehmen blasen zur Großoffensive

Einen Vorgeschmack auf die komplett vernetzte

Zukunft liefert der Platzhirsch Apple. Mit iPhone, iPad und den Apple-Computern nutzen User Funktionen, die noch vor wenigen Jahren für die Masse der Menschen undenkbar war. Mit Spannung erwarten die Heerscharen der Fans nun das nächste neue Produkt aus der Apple-Schmiede - den Apple-TV, der im Laufe dieses Jahres auf den Markt kommen soll. Internetfähige Fernseher gibt es zwar schon jede Menge. Allerdings haben sie noch längst nicht alle Wehwehchen auskuriert. Nutzer beklagen sich zum Beispiel über umständliche Eingabetools und schlechte Prozessorleistungen, die das Surfen zur Qual machen. Allerdings ist es nur eine Frage der Zeit, bis diese Probleme gelöst sind. Denn neben Apple blasen auch andere Unternehmen zur Großoffensive. Der Kampf um Kunden wird die Konkurrenten sicherlich zu Höchstleistungen anspornen. (1)

Revolution im Wohnzimmer

Bereits Ende dieses Jahres soll in jedem vierten deutschen Haushalt ein internetfähiger Fernseher stehen, also rund 10 Millionen Geräte - Tendenz steigend. In Zukunft werden Connected Products für rund 85 Prozent vom Gesamtumsatz in der Unterhaltungselektronik verantwortlich zeichnen. Dann wird Alltag sein, was schon jetzt machbar ist:

User holen sich über internetfähige Radios praktisch jeden Sender der Welt ins Haus oder beschaffen sich über ihr Internet-TV Infos zu laufenden Sendungen, bestellen Videos und spielen diese auch sofort ab. Auch ein Schwätzchen mit der Freundin über den Fernseher, inklusive Bild versteht sich, wird dann zur Routine. Mit einer Kamera auf dem Gerät ist das ein Kinderspiel. Eine lesenswerte Studie über die wahrscheinliche Entwicklung in der Unterhaltungselektronik hat der Bundesverband Informationswirtschaft, Telekommunikation und neue Medien (Bitkom) gemeinsam mit der Prüfungs- und Beratungsgesellschaft Deloitte gemeinsam herausgegeben. Der Titel: "Die Zukunft der digitalen Consumer Electronics". (2), (3)

Der nächste Schritt - das total vernetzte Heim

Nachdem die Vernetzung in der Konsumelektronik bereits ungeheure Fortschritte gemacht hat, steht dem Verbraucher bereits eine weitere Revolution ins Haus - das total vernetzte Heim. Experten gehen davon aus, dass es schon in spätestens fünf Jahren eine Riesennachfrage nach so genannter vernetzter Weißware wie zum Beispiel Waschmaschinen, Wäschetrocknern oder Elektroherden geben wird. Von da an ist es nur noch ein kleiner Schritt, bis sich die Komplettvernetzung aller elektronischen Geräte im Haus durchsetzen wird. Die Technik dazu gibt es bereits, wie beispielsweise der Energieversorger RWE mit seinem RWE-SmartHome-Projekt beweist. Viele Verbraucher scheinen aber noch vor den Kosten zurückzuschrecken. (1), (4)

Superklein und energieeffizient

ARM, ein britischer Chiphersteller, hat einen Prozessor entwickelt, der laut Angaben des Unternehmens mit einem Quadratmillimeter Größe nicht nur superklein, sondern auch der energieeffizienteste Chip weltweit ist. Mit seiner Hilfe lassen sich daher angefangen von Weißware bis hin zu Parkuhren alle nur denkbaren Geräte besser miteinander vernetzen als mit herkömmlichen Chips. (5)

Vernetzung erzeugt Vernetzung erzeugt Vernetzung ...

Dass die weltweite Vernetzung bereits zum Selbstläufer geworden ist und in jeden Lebensbereich eingreift, zeigt folgendes Beispiel: Vor fünf Jahren präsentierte Nike mit Nike+ einen Digitalcoach, mit dessen Hilfe sich Sportler einen Überblick über ihre

Trainingsleistungen verschaffen konnten. Adidas konterte mit einem ähnlichen System und nannte es MiCoach. Im Januar dieses Jahres stellte der Nike-Chef eine Erweiterung des ursprünglichen Systems vor. Fuel, so heißt das Digitalgerät, das als Armband getragen wird, zeichnet jede auch noch so kleine Bewegung des Users auf. Mittlerweile ist diese Art der Datenauswertung auch in der Automobilindustrie angekommen. Die Agentur AKQA hat mit Eco Drive eine Software in einigen Fiat-Modellen installiert, die unter anderem das Fahrverhalten der Fahrer registriert und darauf basierend Tipps gibt, wie diese den Spritverbrauch drosseln können. (7)

Weiterführende Literatur

(1) Der Kampf um die Wohnzimmer entbrennt
aus manager-magazin.de vom 12.03.2012

(2) Consumer Electronics: Vernetzte Geräte sind im Kommen
aus horizont.net vom 31.08.2011

(3) In der Vernetzung liegt Marktpotenzial
aus Lebensmittel Zeitung 36 vom 09.09.2011 Seite 041

(4) Heizung, bitte kommen!
aus Süddeutsche Zeitung, 23.04.2012, Ausgabe München, Bayern, Deutschland, S. 43

(5) ARM reizt das Stromsparen bei Chips aus
Miniprozessor schont die Umwelt und vernetzt Geräte besser
aus Financial Times Deutschland vom 15.03.2012, Seite 8

(6) Gefahr für das Smartphone
aus WirtschaftsWoche online vom 2012-03-07

(7) Fünf gewinnt
aus Horizont 07 vom 16.02.2012 Seite 025

(8) Industrie erhält gläsernen Nutzer
aus manager-magazin.de vom 06.06.2012

Impressum

Vernetzte neue Welt - Die Zukunft gehört den Connectables

Bibliografische Information der deutschen Nationalbibliothek

Die Deutsche Nationalbibliothek verzeichnet diese Publikation in der deutschen Nationalbibliografie; detaillierte bibliografische Daten sind im Internet über http://dnb.d-nb.de abrufbar.

ISBN: 978-3-7379-0798-9

© 2015 GBI-Genios Deutsche Wirtschaftsdatenbank GmbH, Freischützstraße 96, 81927 München, www.genios.de

Alle Rechte vorbehalten. Dieses Werk ist einschließlich aller seiner Teile – z.B. Texte, Tabellen und Grafiken - urheberrechtlich geschützt. Jede Verwertung außerhalb der Grenzen des Urheberrechtsgesetzes bedarf der vorherigen Zustimmung des Verlags. Dies gilt insbesondere auch für auszugsweise Nachdrucke, fotomechanische Vervielfältigungen (Fotokopie/Mikroskopie), Übersetzungen, Auswertungen durch Datenbanken oder ähnliche Einrichtungen und die Einspeicherung und Verarbeitung in elektronischen Systemen.